AF257440

Lib 806.

PROJET

D'UNE FÊTE

A CÉLÉBRER.

Lb 48 806.

PROJET
D'UNE FÊTE
A GENÈVE.

PROJET

D'UNE FÊTE A CÉLÉBRER,

TOUS LES ANS,

EN MÉMOIRE DU RÉTABLISSEMENT DE LA DYNASTIE ET DU RETOUR DE LA FAMILLE DES BOURBONS.

Lilia dùm vireant, Regum stirps usque virescet,
Borbonidæque vigent hàud secùs ac populus.

Par J.-Bte. MASSON.

PARIS,

DE L'IMPRIMERIE DE LEBÉGUE,

RUE DES RATS, N° 14.

1817.

[Library stamp]

DISCOURS PRÉLIMINAIRE.

Il n'y a presque pas de Nations, pour peu qu'elles soient policées, chez lesquelles on ne trouve des institutions établies pour la commémoration de ces grandes vicissitudes, auxquelles tous les Empires sont sujets, et l'on voit toujours la Religion, dont les cérémonies sont si imposantes par elles-mêmes, intervenir dans les circonstances où il est question de perpétuer le souvenir d'un événement important. Les Egyptiens, les Grecs, les Romains et autres peuples, tant anciens que modernes, fourniraient une foule de preuves de ces sages institutions nationales, si l'Histoire-Sainte, seule, n'en présentait pas encore de plus certaines et en plus grand nombre.

En effet, pourquoi le peuple d'Israël, pendant tant de siècles, fidèle dépositaire des décrets de Dieu, et, pour ainsi dire, le conservateur des archives du genre humain, a-t-il été si soigneux à recueillir et à consacrer jusqu'aux actes qui accusent si souvent sa légèreté, son infidélité, ses désobéissances et son ingratitude? Aussi y avait-il, chez les Israélites, des fêtes instituées pour leur rappeler non-seulement leur heureuse sortie de l'Egypte, mais encore les causes de leur captivité à Babylone, etc., etc. Que de réflexions à faire sur la nation Juive, aujourd'hui dispersée, et néanmoins toujours existante

au milieu de peuples plus étrangers les uns que les
autres à sa religion et à ses mœurs, et dans l'accom-
plissement de la sentence prononcée contre Jéru-
salem et ses habitans, dont, toutefois, Vespasien,
sans s'en douter, fut l'instrument exécutif! Est-il
possible de ne point voir un miracle continu, que
Dieu veut qui soit comme un monument de sa toute
puissance et de sa justice éternelle ? C'est ce que
l'historien Joseph a pleinement reconnu, quoiqu'en
disent les esprits-forts de ce siècle.

D'après cela, pourrions-nous négliger d'éterniser,
autant que nous en sommes capables, ce jour où
LOUIS XVIII, accompagné de son auguste Famille,
est rentré dans ses Etats? Certes, cette époque ne
doit pas seulement être consignée dans les annales
du royaume, mais encore être, tous les ans, célébrée
par une cérémonie nationale religieuse, puisqu'elle
est à jamais remarquable, tant par la restauration
de la Dynastie des Bourbons, que par la délivrance
du peuple Français, et le rétablissement de la Religion ; car, en tout cela, il n'y aurait qu'une incré-
dulité inconcevable, et peut-être même incurable,
qui ne reconnaîtrait pas le doigt de Dieu.

L'on s'est donc proposé, dans la composition de
ce petit Poëme, quel qu'il soit, d'offrir aux Français,
fidèles et religieux, le moyen bien praticable de
consacrer un jour à une Fête solennelle, à laquelle se
rattacheraient les souvenirs les plus consolans et les
plus chers ; mais, pour la rendre aussi complète
qu'utile, ne conviendrait-il pas que, sur tous les
points du Royaume de France, il fût fait un appel

spécial à tous les jeunes hommes, indistinctement, qui auraient alors atteint l'âge de 18 à 20 ans, et plus, pour la prestation d'un serment de fidélité, qui serait reçu et enregistré dans chaque commune? Ne faudrait-il pas aussi qu'il fût délivré à chacun de ces jeunes gens un extrait des registres consacrés à la réception de ce serment, et que, pour donner encore plus de relief et d'importance à cette institution, à la fois religieuse et civique, il y eût une sorte de décoration qui annonçât ostensiblement qu'il aurait été répondu, par ceux qui la porteraient, à l'appel ci-dessus mentionné? Quant à l'objection qu'il serait possible que l'on fît, que le serment, en général, devient inutile, à présent, par l'abus multiplié qu'on en a fait dans les temps où l'immoralité et l'athéisme, surtout, étaient les seules bases des différens gouvernemens sous lesquels la France a gémi pendant tant d'années; voici, pour l'instant, la seule réponse à faire : c'est qu'ici l'on ne propose qu'une prestation de serment, si naturel aux Français qui ont connu les vertus des *Bourbons*, et que prêteront de bien bonne foi les jeunes gens qui possèdent aujourd'hui leurs Princes tutélaires.

A quelle époque fixerait-on la célébration de cette Fête? Il est aisé, ce semble, de résoudre la question, puisque l'intervalle entre 1789 et 1814 n'est réellement et avec raison réputé qu'un inter-règne ; celui du 20 mars 1815 au 8 de juillet suivant, doit-il être considéré autrement que comme un moment de trouble, d'autant plus que le Roi n'a pas cessé de gouverner ses Etats? Ainsi, sous tous les rapports, c'est naturellement au mois de mai qu'appartient la célébration de la Fête à fonder.

On pourra, sans doute, trouver que la poésie ne répond pas à la grandeur du sujet; on ne saurait néanmoins refuser quelqu'estime à l'auteur, pour les intentions les plus pures que lui ont inspirées son zèle ardent pour la Religion, et son parfait dévouement à la Dynastie des Bourbons. D'ailleurs, ce Poëme, tel que le présente l'auteur, n'est analogue qu'aux circonstances présentes, et l'on sent bien qu'il faudra en reproduire de nouveaux à mesure que d'autres temps l'exigeront.

PROJET

D'UNE FÊTE A CÉLÉBRER,

TOUS LES ANS,

EN MÉMOIRE DU RÉTABLISSEMENT DE LA DYNASTIE
ET DU RETOUR DE LA FAMILLE DES BOURBONS.

SCÈNE LYRIQUE-RELIGIEUSE.

La Scène est occupée par un nombreux rassemblement de personnes de
toutes classes et de tous les âges.

UN PERSONNAGE.

Comment dans ce climat sauvage
Sommes-nous soudain transportés ?
C'est l'asile du brigandage ;
C'est l'antre des impiétés :
Quel est donc l'esprit invisible
Qui produit de si grands forfaits ?
Peut-on jamais vivre paisible
Chez les ennemis de la paix !

UN AUTRE PERSONNAGE.

Vous êtes fiers de vos bassesses,
Courtisans d'un usurpateur !
Vous faites fond sur des richesses
Qui sont le prix du déshonneur.

UN AUTRE PERSONNAGE.

Lâches, voués à l'esclavage,
D'un despote ils sont les amis :
Cruels, mais vils et sans courage,
Contre Dieu seul ils sont hardis.

UN VIEILLARD.

Où domine la violence,
Là, les honneurs et les emplois
Sont le prix de l'obéissance
Que l'on ne doit qu'à de bons Rois.

AUTRE VIEILLARD.

Le tyran imprime la crainte ;
Il croit ainsi, par la contrainte,
Affermir son autorité :
Mais lui-même creuse l'abîme,
Où son pouvoir illégitime
Doit-être un jour précipité.

UN JEUNE HOMME.

Quand cesserons-nous d'être esclaves et victimes
De l'impie orgueilleux qui nous charge de fers !
Forcés de concourir aux succès de ses crimes,
Nous désirons de grands revers !

AUTRE JEUNE HOMME.

A peine avons-nous pu jouir de la nature ;
Déjà, devons-nous donc éprouver des regrets ?
Nos champs abandonnés vont rester sans culture,
Ou n'offriront que des guérets !

AUTRE JEUNE HOMME.

Le monstre à dépeupler la terre,
Veut sans cesse employer nos bras !
Il suscite guerre sur guerre
Pour éterniser les combats !

UNE MÈRE.

Qu'attendre d'un tyran que jamais rien n'arrête ?
Mères ! nous maudissons notre fécondité !
Infortunés enfans ! quel malheur vous apprête
Ce fléau de l'humanité !

UN VIEILLARD.

Implorons du Seigneur la puissance infinie ;
De lui seul nous devons attendre le repos,
Que pourra contre lui cet atroce génie,
Qui nous fait souffrir tant de maux ?

INVOCATION.

UN VIEILLARD *l'indique.*

Daignez, Seigneur, daignez exaucer nos prières ;
Calmez votre courroux, et laissez-vous fléchir :
Voyez, Dieu de bonté, l'excès de nos misères,
Et la sincérité de notre repentir !
Nous avons appelé sur nous votre justice,
Et provoqué les coups de votre bras vengeur :
Que votre volonté nous devienne propice,
Et de votre clémence éprouvons la grandeur, *

CHORUS.

* Daignez, Seigneur, daignez, etc.

UN PERSONNAGE.

Dans quels tourmens affreux passons-nous cette vie !
Au repos des méchans faut-il porter envie !

UN AUTRE PERSONNAGE *répond :*

S'il est pour les méchans quelque tranquillité,
Elle n'est qu'apparente, ou sans solidité.

UN PERSONNAGE.

Quel est donc notre sort!

UN AUTRE.

Que l'attente est cruelle!

Ici paraît un Français censé revenir de la Belgique : on lui demande
avec vivacité :

Eh bien! brave Français........ dites.... quelle nouvelle ?

LE SURVENANT.

Cette fois, la Victoire a trahi la valeur;
Je vous l'avoue, amis, et c'est avec douleur.
J'ai vu, de nos Français que toujours l'honneur guide,
Les efforts superflus; leur bravoure intrépide
Ne leur a fait trouver qu'un glorieux trépas.

PLUSIEURS *avec vivacité.*

Quoi! de l'usurpateur vous ne nous parlez pas ?

LE SURVENANT *continue :*

Spectateur d'un combat où, pour sa propre cause,
A des périls certains chaque guerrier s'expose,
Le tyran, toujours lâche, évitant le danger
Court, entre les fuyards, sans honte se ranger........

Tous les auditeurs dans l'étonnement, poussent des cris d'indignation.

LE SURVENANT *continue :*

Le voilà ce héros!.... qui tout plein d'arrogance,
A provoqué sur nous la suprême vengeance!
Aujourd'hui, de ces Rois qu'il a tant insultés,
On le voit implorer les loyales bontés;
Et ne songeant qu'à lui, pour comble d'infamie!
Il vient, à leurs genoux, leur demander la vie !!!
Mais, plus honteux que lui, ses perfides amis
Ont feint une pitié qui célait le mépris.

(13)

Survient UN MAGISTRAT FIDÈLE.

Français, qu'à vos justes alarmes
Succède la tranquillité :
On n'entend plus le choc des armes,
Ni ces cris de férocité.
Dieu veut enfin sauver la France !
Louis paraît (bis en général)... Louis s'avance, (bis en général)
C'est le symbole de la paix. (Chorus.)
Faisons le serment unanime,
Aux pieds de ce Roi légitime,   } Chorus général.
D'être fidèles à jamais.

LE MÊME MAGISTRAT.

Accourez, bons Français, et venez reconnaître
Le Roi que Dieu remet sur le trône aujourd'hui :
Ses droits et ses vertus, et ses malheurs peut-être,
Réclament vos respects et votre amour pour lui.
Rendez vains les efforts de cette horde impure
Qui, pour mieux vous tromper, recourt à l'imposture,
Et cherche à profiter de vos égaremens :
Que le peuple français, plein de reconnaissance,
De Louis avec Dieu confirme l'alliance,
Et se rengage à lui par de nouveaux sermens.

Ici doivent se prêter les sermens, et pendant ce, on chante :

HYMNE.

O jour à jamais mémorable,
Que Dieu marque de ses bontés,
Et dont la splendeur ineffable,
Répand en tous lieux ses clartés !
Nous te consacrons un hommage,
Qui sera toujours le sûr gage

De notre amour envers un Roi,
Que le Seigneur rend à la France,
Pour manifester sa puissance,
Et faire triompher sa loi.

Heureux est dans la dépendance,
Le peuple qui suit le Seigneur,
Et qui de son obéissance
Sait faire son propre bonheur :
La pompe d'une fausse gloire,
Ne lui paraît que mensongère,
Et jamais ne peut l'éblouir ;
Lui survient-il quelque disgrace,
Ce n'est qu'un orage qui passe,
Et qu'il est sûr de voir finir.

Qu'ont fait ces guerriers magnanimes,
Dont tant on vante les exploits ?
Et ces sages, dont les maximes
Promettaient de si belles lois ?
Des uns, le meurtre et le pillage,
Partout ont marqué le passage,
Et de leurs fureurs les excès ;
Des autres, la philosophie
Que dictait un esprit impie,
N'eut que de désastreux succès !

En vain l'humanité rappelle
Les hommes à ses douces lois ;
Partout, on se montre rebelle ;
Partout, on est sourd à sa voix :
On ne respire que carnage,
Et l'on se livre au brigandage ;

Bientôt le crime est anobli;
Et l'on voit la scélératesse
Insulter même à la tristesse
Où l'honneur reste enseveli.

~~~~~~~~~

Que vos volontés s'accomplissent,
Grand Dieu !.... qui réglez l'univers !
Que vos saintes lois nous unissent
Contre tous les hommes pervers :
Ils ont nié votre existence,
Ils nous ont imposé silence,
Quand nous chantions votre grandeur;
Et fidèles à l'imposture,
Ils ont célébré la nature,
Pour en méconnaître l'auteur.

~~~~~~~~~

De ce joug honteux pour la France,
Dieu qui daigne nous affranchir,
Charge, contre toute espérance,
Louis de nous reconquérir :
Bénissons, dans nos saints cantiques,
Les dons, les vertus magnifiques
Dont notre Monarque est orné :
Le Seigneur devient son asile,
Il adopte pour son pupile
Ce serviteur prédestiné.

~~~~~~~~~

Jurons donc à la Dynastie
Une entière fidélité :
Neuf siècles sont la garantie
D'une solide antiquité.
Non, quelque moyen que l'on tente,
Des Lis la blancheur éclatante
~~~~~~~~~

Ne saurait jamais se ternir;
Et de nos BOURBONS la durée,
Qui vient de nous être assurée,
Doit toujours nous enorgueillir.

FIN.

In diem luctuosissimam 21 mensis Junuarii 1793,

ODE SACRA. (1)

~~~~~~~~~~~~~

Hæc dies sacro memoranda luctu :
Optimus Regum cecidit cruentâ
Morte, francorum pater, atque princeps
  Borbonidarum.

Judicis testisque vices adimplens,
Mulctat insontem nece quisque Regem : (2)
Spernitur vox hìc populi ipsa; sìc fit (3)
  Victima justus !

Ipsius summi solium Dei ullum
Non foret nùnc, si fieri potest id;
Cultus eversus quoque, sacra cessant,
  Templaque Christi ,

---

(1) Cette Ode a été présentée manuscrite, dans les dix derniers jours de décembre 1814, pour l'Anniversaire du 21 janvier 1815.

(2) C'est à Dieu et à la postérité qu'appartient exclusivement le droit de juger les Rois : ce principe, si sacré et si nécessaire sous tous les rapports, ne pouvait être reconnu par des athées; parce que la religion chrétienne condamne jusqu'aux peccadilles, et que l'athéisme, au contraire, autorise tous les crimes, quelqu'énormes qu'ils soient.

(3) Le rejet de l'appel au peuple est aussi abominable que la sentence prononcée contre Louis XVI. Néanmoins, par cela même, le peuple français se trouve à l'abri du reproche d'avoir pris part à cet horrible attentat contre la personne sacrée de son Roi, quoiqu'en aient voulu dire les plus audacieux et les plus impudens des membres de la prétendue Convention.

N. B. A la suite de ces deux notes paraîtra un ouvrage intitulé : *Apologie de la Nation Française,* où l'on prouve, par les faits, que la volonté générale a été trahie et violée.
~~~~~~~~~~~~~

Impio tentamine, clausa restant:
Norma morum solvitur; hinc malorum
Omnium fons ac series, potest quæ
  Tradere nemo.

Jàm videtur barbaries ruinis:
Quisque terretur sibi, mox solutâ
Lege, quæ cunctis melius suadet,
  Cuncta gubernans.

It furor crescens animis ut ignis;
Ac brevi tempore, flamma lustrat
Urbium, vel moenia celsa regni,
  Anteà tuti.

Bella francos undique longa plectunt:
Ingruunt hostilia tela nobis.
Audiet pugnas, vitio parentûm,
  Rara Juventus.

At Deum nostri miseret benignum:
En adest nobis LODOIX, quietis
Afferens insignia; jàm videtur
  Hostis amicus.

*Traduction de l'*Ode sacrée *sur la déplorable Journée du 21 Janvier 1793.*

Ce jour nous commande un deuil religieux : c'est à pareille époque qu'a été versé le sang du meilleur des Rois, le Père des Français et le Chef des Bourbons.

Des sujets, à la fois accusateurs et juges, condamnent un Roi irréprochable ; sans même l'intervention de son peuple, le Monarque, tout juste qu'il est, devient une victime !

Dieu lui-même, s'il était possible, ne serait plus connu aujourd'hui : le culte aboli, les sacrifices n'ont plus lieu ; l'on pousse l'impiété jusqu'à fermer les temples ; la dissolution des mœurs est entière.

Il est impossible de décrire les maux dont ce désordre est la source.

Des ruines déposent encore contre la barbarie où l'on est tombé : chacun tremblait pour soi-même, en voyant la destruction de tout ce qui seul peut conserver la société.

Une fureur ardente s'empare de tous les esprits : bientôt les cités sont la proie des flammes, et les places fortes ne peuvent plus nous garantir.

Toutes les nations arment contre la France, et les ennemis qu'elle se fait veulent l'accabler. Le peu de jeunes gens qui sur-

vivent à tant de combats, entendront un jour le récit des dis-
graces que leurs pères leur ont attirées.

Mais Dieu, plein de miséricorde, nous prend enfin en pitié :
Louis se montre à nous avec tous les attributs de la paix ; déjà
nos ennemis nous témoignent des dispositions amicales.

FIN.

PARIS, DE L'IMPRIMERIE DE LEBÉGUE, RUE DES RATS, N° 14.